BLUME

Título original: *This is Van Gogh*

Edición Catherine Ingram
Diseño de cubierta Pentagram Design, basado
en el concepto original de Melanie Mues. Ilustración
de Agnès Decourchelle
Traducción Cristóbal Barber Casasnovas
Revisión de la edición en lengua española
Llorenç Esteve de Udaeta
Historiador de Arte
Coordinación de la edición en lengua española
Cristina Rodríguez Fischer

Primera edición en lengua española 2015

© 2015 Art Blume, S. L.
Av. Mare de Déu de Lorda, 20
08034 Barcelona
Tel. 93 205 40 00 Fax 93 205 14 41
E-mail: info@blume.net
© 2015 del texto George Roddam
© 2015 de las ilustraciones Sława Harasymowicz

I.S.B.N.: 978-84-9801-821-9

Impreso en China

WWW.BLUME.NET

Este libro se ha impreso sobre papel manufacturado con materia
prima procedente de bosques de gestión responsable. En la
producción de nuestros libros procuramos, con el máximo
empeño, cumplir con los requisitos medioambientales que
promueven la conservación y el uso responsable de los bosques,
en especial de los bosques primarios. Asimismo, en nuestra
preocupación por el planeta, intentamos emplear al máximo
materiales reciclados y solicitamos a nuestros proveedores
que usen materiales de manufactura cuya fabricación esté libre
de cloro elemental (ECF) o de metales pesados, entre otros.

así es... Van Gogh

GEORGE RODDAM   Ilustraciones DE SŁAWA HARASYMOWICZ

BLUME

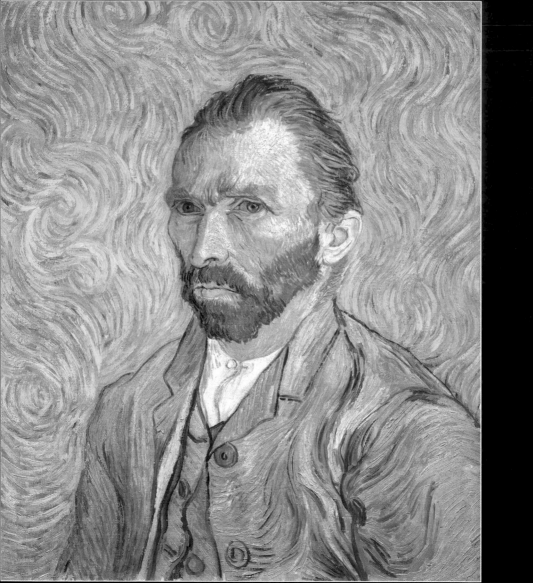

Vincent van Gogh usó el arte para expresar su reacción, muy emocional, al mundo que le rodeaba. A lo largo de su vida, trágicamente breve, y en un estado que alternaba la fascinación por la belleza de la naturaleza con el tormento por la tristeza de la existencia humana, Van Gogh creó algunos de los cuadros emocionalmente más expresivos de la historia. En un autorretrato que pintó más o menos un año antes de morir se puede ver a un Van Gogh atormentado, cuyos penetrantes ojos azules nos miran con angustia. El pintor sale con el ceño fruncido, y parece que apenas puede vernos; más bien aparenta que está absorto en sus propios pensamientos. El agitado fondo azul que le rodea se retuerce y se dobla, como si de un reflejo de su perturbado estado mental se tratara.

Algunos de sus coetáneos cometieron el error de pensar que estaba loco, aunque es cierto que sufrió períodos de alteración mental. De hecho, Van Gogh pintó este retrato durante el momento en el que ingresó voluntariamente en un manicomio situado al sur de Francia. Pero no se trata de la obra de un loco. Por el contrario, el retrato pone de manifiesto que el pintor conocía las innovaciones de los artistas de su época, avances que él aplicó para dar una nueva expresividad a su obra. En los centenares de cartas que escribió a su querido hermano Theo, Van Gogh hablaba con la máxima lucidez sobre cómo el color y las líneas le ayudaban a alcanzar el objetivo que se había impuesto como artista: transmitir el éxtasis y la desesperación de la vida.

Infancia en la Holanda provinciana

Van Gogh nació el 30 de marzo de 1853 en la pequeña localidad
holandesa de Groot Zundert, cerca de la frontera con Bélgica.
Theodorus, su padre, cuya discreta devoción influiría notablemente
en la actitud que adoptaría Van Gogh frente a la vida, era un pastor
protestante de la Iglesia reformada neerlandesa. Anna, su madre,
hija de un encuadernador, infundió en su hijo una pasión por la
lectura que este mantendría durante toda su vida.

Nada en la infancia de Van Gogh hacía presagiar la agitada vida que
iba a tener de adulto. El matrimonio de sus padres era sólido, y Vincent
se llevaba bien con sus cinco hermanos pequeños, especialmente con
su hermana Willemien y su hermano Theo, con quien siempre mantuvo
una relación muy estrecha. El sueldo de su padre era más bien modesto,
igual que la vida que llevaba la familia. No obstante, el matrimonio
Van Gogh consiguió dar una buena educación a todos sus hijos y les
dejaron desarrollar sus talentos. Hubo otros familiares que también
contribuyeron a ampliar los horizontes de los niños: tres de sus tíos
(Hendrik, Vincent y Cornelis) trabajaban en el comercio de arte, lo que
permitió a Vincent y a su hermano Theo introducirse en ese mundo.

Marcado por la tragedia

A pesar de la tranquilidad de esos primeros años, había indicios que
apuntaban a la tragedia. El nacimiento de Van Gogh estuvo marcado
por recuerdos infelices: Vincent llevaba el nombre de un hermano
mayor que había muerto al nacer, justo un año antes de que llegara
él al mundo. Es probable que este hecho marcara su infancia
y su vida adulta. Van Gogh fue un niño serio, callado e introvertido,
como confirman las fotografías de su infancia.

*Vincent van Gogh
a los trece años,
vestido con el uniforme
del colegio.* Retrato,
h. 1866

Van Gogh Museum,
Ámsterdam (Vincent
van Gogh Stichting)

De niño, Van Gogh admiraba a su padre, pero de adulto le recordaría como una persona rígida y distante que se mostraba insensible a los sentimientos de sus hijos. Como el propio pintor confesaba en una carta que escribió a su hermano Theo el 18 de diciembre de 1883, «Papá tiene un punto de cerrado, de gélido». Cuando visitaba a su familia, Vincent mantenía largas charlas con Willemien, pero tenía dificultades para comunicarse con sus padres.

Vincent, el «tío Cent» de Van Gogh, era copropietario de la galería de arte Goupil & Cie, de La Haya, donde poco después de que su sobrino cumpliera los dieciséis años le puso a trabajar, lo que le permitió a Van Gogh abandonar el domicilio familiar. Allí trabajó y en apariencia fue feliz durante cuatro años.

Goupil era uno de los principales marchantes de arte moderno, con sucursales en Londres y París. La de La Haya estaba especializada en paisajes neerlandeses, por lo que otros estilos artísticos que ya empezaban a salpicar la sucursal parisina, como el impresionismo, pasaron desapercibidos para Van Gogh.

El sufrimiento de los demás

Después de trabajar todo el día en la galería, Van Gogh dedicaba las tardes a estudiar la Biblia. En esa época albergaba una fuerte fe religiosa, motivada, en parte, por su educación en el seno de la Iglesia reformada neerlandesa, pero fomentada cada vez más por la simpatía instintiva y a su vez profundamente sentida hacia los pobres y los desgraciados. También sentía admiración por los relatos sobre gentes necesitadas escritos por los novelistas ingleses Charles Dickens y George Eliot. La preocupación por la gente menos afortunada que él acompañaría a Van Gogh durante el resto de su vida.

Vida en Londres

Durante su etapa en Goupil, Van Gogh hizo muy bien su trabajo, y en 1873, a la edad de veinte años, fue trasladado a la sucursal que la empresa tenía en Londres. Durante una época se sintió muy bien en la capital británica, donde dedicaba su tiempo libre a dibujar las vistas de la casa de huéspedes de Brixton en la que se alojaba. No obstante, poco después, este bienestar se vio quebrantado por el amor no correspondido de la hija de la casera, Eugénie Loyer. Presa de la desesperación tras el rechazo, Londres se convirtió en una pesadilla para Van Gogh, y el pintor optó por aislarse. Esta sería la primera muestra de lo que acabaría siendo un patrón recurrente en su vida: períodos de relativa felicidad rotos abruptamente por una crisis emocional que le sumirían en una profunda desesperación y le llevarían a encerrarse en sí mismo y a apartarse de sus más allegados.

Vocación religiosa

Como consecuencia de dicha infelicidad, en 1874 su tío Cent decidió enviar a Van Gogh a París. No obstante, la devoción religiosa de su sobrino no hacía más que crecer, lo que comportó que le molestaran cada vez más los aspectos más comerciales del negocio de Goupil. Los clientes de la firma empezaron a notar este descontento, y en 1876 fue despedido. Van Gogh regresó a Etten y se instaló en casa de sus padres. Las discusiones con su padre acerca de la doctrina cristiana llegaron a ser tan acaloradas que Theodorus empezó a preocuparse seriamente e intentó convencer a su hijo de que cambiara de profesión. Pero después de trabajar durante un breve período como maestro en Londres y como librero en Dordrecht, Van Gogh se trasladó en 1877 a Ámsterdam, donde se alojó en casa de su tío Jan y empezó a estudiar para presentarse a las oposiciones de teología. A pesar del recelo manifestado por su padre, su familia le apoyó en su decisión. No obstante, el estudio del latín y del griego enfrió mucho la pasión de Van Gogh; consideraba que esas lenguas no tenían nada que ver con la compasión y el amor al prójimo que predicaba la Biblia. Su preparación para presentarse a las oposiciones fue insuficiente y suspendió.

Sin desalentarse por su fracaso en las oposiciones de teología, Van Gogh decidió poner en práctica su fe cristiana. En 1878, trabajó durante un tiempo como misionero evangélico en la zona minera de Borinage, en Bélgica, donde pudo entrar en contacto directo con los pobres.

Impactado por el sufrimiento que vio a su alrededor, Van Gogh optó por vivir de forma humilde entre las personas a las que predicaba. Así, daba su comida y su ropa a la gente que más las necesitaba. Su aspecto se fue deteriorando cada vez más, hasta el punto de que los harapos que llevaba encima parecían colgar de su cuerpo desnutrido.

A las autoridades eclesiásticas que habían ofrecido el puesto a Van Gogh no les impresionó su comportamiento. El pintor creía que estaba viviendo siguiendo el ejemplo de Cristo. Ellos, en cambio, consideraron que estaba desprestigiando a la Iglesia y le despidieron.

La zona de Borinage era famosa
por su contaminación y por las
pésimas condiciones en las que
vivían y trabajaban los mineros.
Las familias más numerosas
eran obligadas a apiñarse en
insalubres casas rodeadas de
fétidas montañas de desechos.

Las esposas de los mineros cargando sacos

El recuerdo del sufrimiento del que fue testigo en Borinage acompañó a Van Gogh hasta mucho tiempo después de abandonar la zona. Durante los dos años posteriores, este manifestó su simpatia hacia los trabajadores en una serie de pinturas y dibujos de las esposas de los mineros, donde se las ve atravesando paisajes desolados cargadas con pesados sacos de carbón. En un dibujo especialmente sentido, las mujeres aparecen con la espalda curvada por la enorme carga, como si cada paso requiriera un esfuerzo monumental. La oscura imagen, trazada con tinta negra y lápiz, constituye un potente retrato del paisaje sucio y contaminado en el que los mineros y sus familias trabajaban.

Para Van Gogh, no se trataba simplemente de una imagen que representaba la vida dura de un conjunto concreto de trabajadores. Al incluir en el dibujo el pequeño sagrario cristiano clavado en el árbol y el campanario de la iglesia en el horizonte, lo transformó en un símbolo mucho más amplio de la tristeza humana; de ahí el título alternativo con el que bautizó la obra: *Las portadoras de la carga*. El Cristo crucificado en el relicario representa la vida de sufrimiento a la que Van Gogh creía que estaban condenadas esas mujeres. Quizá, al ver sus cuerpos y su ropa cubiertos de una capa de polvo de carbón, recordó un versículo de la Biblia: «Ganarás el pan con el sudor de tu frente, hasta que vuelvas a la tierra, de donde fuiste sacado. ¡Porque eres polvo y en polvo te convertirás!» (Génesis 3:19).

Aunque quería que estas mujeres simbolizaran la vida como un todo, Van Gogh pretendió representar su aspecto de forma muy precisa. En una carta que escribió a su amigo el artista holandés Anthon van Rappard el 29 de octubre de 1882, Van Gogh describía al detalle cómo las mujeres llevaban su carga:

> Finalmente he descubierto, no sin dificultad, cómo cargan las mujeres de los mineros de Borinage sus sacos... La *abertura* del saco está bien atada y cuelga *hacia abajo*. Las esquinas de la parte inferior están atadas, lo que hace que parezca una suerte de capucha de monje.

Van Gogh mantuvo siempre este mismo enfoque: intentar combinar un análisis exhaustivo del aspecto de las cosas con una potente expresión de sus sentimientos sobre el mundo.

Las mujeres de los mineros llevando sacos
(Las portadoras de la carga)
Vincent Van Gogh, abril de 1881

Lápiz, tinta y acuarela sobre papel
47,5 × 63 cm
Rijksmuseum Kröller-Müller, Otterlo

El consuelo del arte

Tras ser despedido de su misión en Borinage, Van Gogh dejó
a un lado la religión para centrarse en su otra gran pasión: el arte.
Escribió cartas a Theo en las que describía su amor por la escuela
de Barbizon, un grupo de pintores franceses que se dedicaban a
hacer representaciones naturalistas de campesinos y paisajes rurales.
También sentía una auténtica devoción por Jules Breton, un artista
conocido por sus imágenes idealizadas de campesinos devotos;
en 1879 fue andando hasta el estudio que este tenía en la localidad
francesa de Courrières, pero no tuvo el valor suficiente como para
presentarse. Theo se dio cuenta de que la última oportunidad que
tenía su hermano de ser feliz era seguir su vocación artística, por
lo que en 1880 le animó a que se inscribiera en la Académie Royale
des Beaux-Arts, la escuela oficial de arte del gobierno de Bruselas.
Las clases de anatomía, modelaje y perspectiva le ayudaron a refinar
su estilo pictórico, pero detestaba la rigidez del plan de estudios de
la escuela y las estrictas normas de los profesores, por lo que decidió
trasladarse a La Haya para estudiar con su primo político Anton Mauve,
uno de los principales miembros de la escuela de La Haya (los pintores
de paisajes con los que Van Gogh se había familiarizado tanto durante
sus años en Goupil). Mauve le enseñó las técnicas del óleo y la acuarela,
pero acabaron riñendo por culpa de un ejercicio que les encargaron
que consistía en hacer unos dibujos a partir de moldes de escayola.
Las discusiones entre el pintor y sus compañeros eran muy frecuentes:
su temperamento y su contundencia a la hora de expresar sus
opiniones a menudo le hacían enemistarse con sus más allegados.

Relaciones familiares tensas

La negativa de Van Gogh a hacer lo que sus tíos consideraban
una carrera respetable les irritaba cada vez más. Desde su punto
de vista, la etapa de Van Gogh en Goupil había sido un fracaso,
y, cuando más tarde rechazó seguir los pasos de su padre y
convertirse en pastor de la Iglesia reformada neerlandesa (lo que
ellos juzgaban una profesión estable y segura), se desentendieron
de su sobrino. Theodorus también estaba preocupado por la actitud de
su hijo, a sus ojos errática, tanto, que en 1880 contempló la posibilidad
de internarlo en un manicomio. Incluso con su hermano Theo había
tensiones. Después de una discusión que mantuvieron en 1879
sobre el futuro de Van Gogh, estuvieron un año sin apenas hablarse.
Pero cuando Van Gogh decidió convertirse en artista, su relación
volvió a su cauce, y a partir de ese momento, Theo no dejó de apoyar
a su hermano a pesar de sus frecuentes discusiones. De hecho,
después de una acalorada discusión que Van Gogh tuvo con su padre
el día de Navidad de 1881, Theo –que había empezado a trabajar
en la sucursal de Goupil en La Haya para estar cerca de su hermano–
se convirtió en su principal apoyo económico.

Amor condenado

Van Gogh tenía la misma suerte en el amor que en el resto de sus relaciones personales. Durante una visita a la casa de sus padres en Etten en 1881, Van Gogh se enamoró de su prima Kee Vos-Stricker, que acababa de quedarse viuda. Le propuso matrimonio, pero al igual que Eugénie Loyer en Londres, Kee lo rechazó. Cuando a continuación esta se negó a verle, Van Gogh fue a visitar a su padre. Con la mano sobre la llama de una lámpara, le suplicó: «Déjeme verla durante el tiempo que pueda aguantar con la mano sobre el fuego». Sin embargo, como él mismo le explicó a su hermano Theo en una carta escrita el 16 de mayo de 1882, el padre de Kee se limitó a soplar la llama y a echarle de casa.

La siguiente relación que Van Gogh entabló fue con una prostituta alcohólica: Clasina Hoornik («Sien»). Cuando la conoció, ella, desamparada y embarazada, deambulaba por las calles de La Haya con su hija Maria. Compadecido, Van Gogh se la llevó a su estudio.

En julio de 1882 Sien dio a luz a su hijo Willem. Van Gogh no era el padre de la criatura, pero durante un tiempo no dudó en cuidar de ellos. Incluso contempló la posibilidad de casarse con ella. Pero a principios del año 1883 Sien empezó a beber otra vez y volvió a prostituirse. El pequeño apartamento que compartían cada vez estaba más sucio y más descuidado, y su relación comenzó a deteriorarse.

El cariño que Van Gogh sentía hacia Sien se fue desvaneciendo, y el pintor se sumió en su trabajo, retratando con fervor a la gente de clase obrera de La Haya. Pronto el apartamento se llenó de cientos de dibujos y pinturas en los que aparecían representadas las duras condiciones de vida de las personas que le rodeaban.

Tristeza

Van Gogh usó a Sien (cuando vivían juntos) como modelo de su dibujo *Tristeza*. En medio de un paisaje desolado e inhóspito puede verse a una mujer sentada, desnuda y visiblemente triste, con la cabeza apoyada en los brazos cruzados en señal de desesperación. Su vientre hinchado indica que está embarazada, mientras que su cuerpo demacrado y su pelo despeinado sobre su espalda desnuda dejan claro que es una persona desamparada y que está sola, a pesar de encontrarse en su momento de mayor necesidad. Así es como Van Gogh conoció a Sien; no obstante, al no mostrar su cara, Van Gogh transforma esta representación de una persona concreta en una imagen general de sufrimiento.

Van Gogh quería que la pintura despertara en el observador cierta empatía hacia las personas oprimidas. En la parte inferior del folio puede leerse el título en inglés que Van Gogh dio al dibujo, *Sorrow*, quizá con la intención de mandarlo a Londres con la esperanza de encontrar trabajo en la prensa ilustrada de la capital inglesa. Añadió también un acusador subtítulo en francés: «¿Cómo es posible que en este mundo pueda haber una mujer sola, abandonada?», una frase que tomó prestada del historiador y moralista francés Jules Michelet. Van Gogh también citó a Michelet al describirle el dibujo a su hermano Theo en una carta del 10 de abril de 1882:

> Porque era para ti, que entiendes estas cosas. No dudé en ponerme un tanto melancólico. Quería decir algo así como: «Pero el corazón sigue vacío. Que nada volverá a llenarlo».

Estas líneas de Michelet hacen referencia a la tristeza provocada por la pérdida de la inocencia y por el imborrable dolor que sienten los que han sido traicionados en el amor. Así veía Van Gogh a Sien. Lejos de juzgar a las mujeres como ella, el pintor quería provocar en el observador la compasión por el estado de la mujer.

Aunque el tono general de la imagen es de desesperanza, las flores primaverales que pueden verse a los pies de Sien y las del árbol espinoso del fondo sugieren la posibilidad de una redención. Para Sien y Van Gogh, no obstante, la redención nunca llegó. En septiembre de 1883 pusieron fin a su relación. Varios años más tarde, Sien se casó con un marinero en un último intento desesperado por dar a su hijo, ya adulto, un contexto familiar respetable. Pero siguió siendo infeliz, y recordando el trágico final de Van Gogh, en 1904 se suicidó arrojándose al río Escalda.

Sorrow (Tristeza)
Vincent van Gogh, 1882

Lápiz, pluma y tinta sobre papel
44,5 × 27 cm
Walsall Art Gallery

Carta a Theo van Gogh
Vincent van Gogh, 15 de octubre de 1883

Pluma y tinta sobre papel
20,9 × 26,7 cm
Van Gogh Museum, Ámsterdam
(Vincent van Gogh Stichting)

Las cartas de Van Gogh

A lo largo de su vida, Van Gogh escribió cientos de cartas de manera compulsiva a su hermano Theo y a otros familiares y amigos, y en ellas documentó sus sentimientos. Teniendo en cuenta que vivió solo durante buena parte de su vida, esta correspondencia seguramente le ayudó a controlar su sensación de soledad y depresión, una dolencia que se fue acentuando con los años. Si alguna de las cartas que le enviaban se retrasaba, la reclamaba muy enfadado, en especial las de Theo. En varias ocasiones regañó a su hermano por tardar demasiado en responder cuando le escribía para pedirle dinero, si bien no tenía mucha razón, pues Theo no nadaba precisamente en la abundancia y era el único miembro de la familia dispuesto a ayudarle. A menudo también se quejaba de que Theo, que se había trasladado a la sucursal de Goupil en París en 1879 y estaba, por tanto, en el centro del mundo del arte, no se esforzaba lo suficiente para encontrar compradores para sus obras. La mayoría de estas quejas eran injustificadas y ponían de relieve, una vez más, la infalible capacidad de Van Gogh para enemistarse con los que más se preocupaban por él. No obstante, el pintor también sabía ser de lo más afectuoso con las personas con las que mantenía correspondencia: cuando Theo tuvo sus propios problemas, Vincent siempre le ofreció su apoyo emocional, algo que Theo valoraba enormemente.

Van Gogh también escribió mucho sobre arte. Le describía sus propias pinturas a Theo y a menudo adjuntaba en sus cartas pequeños dibujos para que supiera qué aspecto tenían (como en esta carta de octubre de 1883). También criticaba el trabajo de otros artistas, sobre el que estaba muy bien informado. En esta carta compara su obra con la de George Michel, un pintor paisajista francés que solía retratar a trabajadores del campo. En ella también intenta convencer a Theo de que se vaya a vivir con él y que intente dedicarse a la pintura. Van Gogh deseaba tener amigos íntimos con los que compartir sus obras.

Los comedores de patatas
Vincent van Gogh, 1885

Óleo sobre lienzo
82 × 114 cm
Van Gogh Museum, Ámsterdam
(Vincent van Gogh Stichting)

Los comedores de patatas

Tras romper con Sien, Van Gogh regresó a la casa de sus padres, que se habían trasladado a la pequeña localidad holandesa de Nuenen, aunque la tensa relación que mantenía con su padre hacía que la convivencia fuera un tanto incómoda. Van Gogh encontró inspiración en los campesinos locales. Con anterioridad ya se había centrado en las miserias de los trabajadores y en su pobreza y los había representado como bestias de carga explotadas. En Nuenen, en parte inspirado por las imágenes de campesinos dignificados de la escuela de Barbizon, Van Gogh empezó a sentir fascinación por la noble honestidad de los que trabajaban en el campo, una honestidad que se propuso transmitir.

En marzo de 1885, Theodorus falleció inesperadamente, y poco después Van Gogh terminó *Los comedores de patatas*, una pintura basada en muchos estudios de las caras y las manos de los trabajadores locales. En una carta del 30 de abril de 1885 dirigida a Theo, Van Gogh expresó su deseo de mostrar a los amantes del arte de la clase media que

> esta gente que está comiéndose sus propias patatas a la luz
> de una pequeña lámpara han labrado ellos mismos la tierra,
> con las mismas manos que ahora ponen en el plato. Este
> cuadro, por tanto, evoca el trabajo manual, y sugiere que
> esos campesinos se han «ganado» honradamente su comida.

Van Gogh pintó el lienzo de forma un tanto ruda para que dominara en el cuadro la atmósfera de la modesta casa de un campesino:

> No es un problema que la pintura de unos campesinos huela
> a beicon, a humo, a patata hervida; no es malo. Es igual de bueno
> que un establo huela a estiércol, porque para eso sirve un establo.

Por aquel entonces, Van Gogh había desarrollado un profundo interés por la teoría del color y se había propuesto aplicar a su propia obra lo que estaba aprendiendo en sus clases. Le interesaba especialmente cómo cambiaba su percepción del color cuando había poca luz. En esa misma carta le contaba a Theo que la piel se volvía «de un color parecido al de una patata sucia y sin pelar». También se dio cuenta de que las sombras se volvían azules y sugirió que la pintura se expusiera en un marco dorado o en una pared pintada del «intenso color del trigo maduro» para resaltar sus intensos tonos oscuros.

Asimismo, viendo trabajar a los tejedores, Van Gogh observó cómo se mezclaban los diferentes colores. Se percató de que si se entretejían colores claros, estos podían dar lugar a un gris que, lejos de parecer apagado, vibraba. En *Los comedores de patatas* adoptó esa misma técnica. Las zonas oscuras del cuadro están compuestas de distintos colores mezclados para transmitir una sensación de vitalidad a la pintura.

El respeto que sentía Van Gogh hacia la nobleza de la vida en el campo no le llevó a idealizarla. A diferencia de artistas y pintores de la escuela de Barbizon como Jules Breton (que tenía tendencia a minimizar la dura realidad de la vida rural), Van Gogh era consciente de lo mucho que trabajaban los campesinos en el campo para llevar algo de comer a sus familias. También era perfectamente consciente de lo penoso que era la labor de los tejedores. En sus pinturas, en las que se les puede ver en sus telares, estos suelen aparecer absortos en su trabajo, lo que sugiere que era imposible salir de la pobreza.

A finales del siglo XIX París era
la capital del mundo del arte,
y en la galería Van Gogh, de Theo,
se vieron por primera vez los tonos
vivos y las espontáneas pinceladas
de los impresionistas. Su objetivo era
captar de forma exacta la impresión
que dejaban los colores del mundo
en la retina.

Tras la muerte de Theodorus, y
después de una discusión con su
hermana Anna, Van Gogh abandonó
Nuenen para estudiar en Amberes,
como había hecho Jules Breton años
antes. Pero comía muy mal y bebía
mucha absenta. Solo y desalentado,
en la primavera de 1886 decidió
irse a París con Theo.

En septiembre/octubre de 1886, Van Gogh escribió una carta a su amigo de Amberes Horace Livens. A pesar de que todavía no era «uno del club», admiraba la obra de los impresionistas Monet y Degas. Van Gogh imitó su uso del color en estudios florales pintados con contrastes de azul/naranja, rojo/verde y amarillo/violeta.

Los hermanos Van Gogh compartían un pequeño apartamento en el bohemio barrio de Montmartre, un distrito muy popular entre los artistas. Theo pagaba el alquiler y se hacía cargo de la manutención de su hermano.

Los ojos del artista

Durante su estancia en los Países Bajos y en Bélgica, Van Gogh se había preocupado mucho por el sufrimiento de los pobres. Pero en París empezó a interesarse más por su propio suplicio. En una hoja de papel en la que en 1887 esbozó varios autorretratos, Van Gogh se muestra sumido en un profundo autoexamen. Uno de los retratos está compuesto solo por unos cuantos trazos dibujados con tosquedad a lápiz; el otro, en cambio, es mucho más elaborado, una imagen perturbadoramente honesta del artista. El observador lo imagina sentado solo en su estudio, observando de forma atenta su propio reflejo en un espejo. La intensidad de su mirada es comparable a su vigorosa técnica: los trazos de lápiz han sido aplicados con tal vigor que incluso han rasgado la superficie del papel. Van Gogh presta especial atención en los ojos, llegando a esbozar un tercer ojo en la parte superior del folio. Dos años antes, en una carta que escribió a Theo el 19 de diciembre de 1885, Van Gogh declaraba: «Prefiero pintar ojos de personas que catedrales, porque hay algo en ellos que no está en las catedrales: el alma».

Montmartre: molinos y huertas
Vincent van Gogh, 1887

Óleo sobre lienzo
45,2 × 81,4 cm
Van Gogh Museum, Ámsterdam
(Vincent van Gogh Stichting)

Impresionismo

Van Gogh sentía la misma fascinación por el mundo que le rodeaba que por su propio rostro. Pintó muchas escenas vibrantes de la zona cercana al apartamento de Montmartre que compartía con Theo. En *Montmartre: molinos y huertas* reproduce los pequeños campos que aún había en el barrio, situado en un extremo de la ciudad, coronados por los molinos que se erguían en la cima de la colina. Van Gogh reacciona en esta obra a las lecciones que había aprendido contemplando las obras impresionistas. El trazo ha adquirido una sensación de inmediatez, mientras que los tonos oscuros de *Los comedores de patatas* se sustituyen por vivos colores azules, amarillos y verdes, que transforman el paisaje en una luminosa evocación de un día soleado. Las manchas de rojo puro que puntúan el primer plano captan la intensidad con la que Van Gogh experimentaba los colores del mundo.

Recuerdos de la tierra natal

Puede que Van Gogh pintara lo que veían sus ojos, pero en este caso también seleccionó cuidadosamente el punto de vista. En esa época, uno de los molinos de la colina se había convertido en el famoso club nocturno Le Moulin de la Galette, pero en esta imagen Van Gogh no se detiene a retratar este aspecto urbano de Montmartre, sino que se concentra en la escena agrícola del primer plano y en las dos pequeñas figuras que trabajan la tierra. Quizá los elementos de la pintura –los campesinos y los molinos– le recordaban su tierra natal. Incluso después de aprender de los impresionistas que la pintura podía limitarse a registrar cómo ve el mundo cada uno, Van Gogh seguía evocando también emociones más profundas, como la sensación de conexión con la tierra.

El encanto de Japón

Cuando, en la década de 1850, Japón se abrió a Occidente después
de siglos de aislamiento, una gran fascinación por el país y su cultura
arrasó Europa. Van Gogh había quedado cautivado por los vivos
colores y las nítidas líneas de los grabados japoneses que había visto
por primera vez en Amberes, y siguió coleccionando esas imágenes
después de trasladarse a París. Sin embargo, a diferencia de la
mayoría de sus coetáneos, para quien los objetos japoneses no eran
más que una moda pasajera, él sentía que el arte europeo podría
revitalizarse si aprendía de la poderosa simplicidad de aquellas
imágenes. También creía que la cultura japonesa cuidaba más
a sus artistas, e imaginaba una especie de utopía en la que estos
vivían en comunidades que los apoyarían, libres de la necesidad
de encontrar compradores para su obra. Se trataba de una creencia
completamente errónea, pero que ayuda a explicar la profunda
atracción de Van Gogh por la idea de Japón.

En esta copia de *Jardín de ciruelos en Kameido*, de Hiroshige, Van Gogh
reproduce el original con fidelidad, pero también realiza cambios
importantes. El color es más intenso, sobre todo en el ardiente rojo
y el saturado amarillo del cielo. Además, añade un marco rojo con
caracteres japoneses inventados, lo que hace que el verde de la hierba
parezca mucho más vivo. A Van Gogh le interesaba explorar cómo
el uso de los colores complementarios podía hacer que los colores
parecieran más intensos. Su trazo enérgico añade, asimismo, vitalidad
a esta imagen que representa la sencilla belleza de la naturaleza.
Cuando su primo Mauve le había pedido que copiara moldes
de yeso, él se había negado. En este caso, el artista se implicó
en un acto de copiar de forma más creativa y transformadora.

Utagawa Hiroshige (Ando)
*Jardín de ciruelos en Kameido
(Kameido Umeyashiki)*,
N.º 30 de *Cien famosas vistas
de Edo*, mes 11 de 1857

Xilografía
Papel: 36 × 23,5 cm
Brooklyn Museum
Donación de Anna Ferris,
30.1478.30

Japonesería: ciruelo en flor (según Hiroshige)

El estudio de Cormon

Al llegar a París, Van Gogh empezó a asistir a clases en el estudio de Fernand Cormon con la esperanza de mejorar sus habilidades como dibujante. Cormon tenía buena fama entre los jóvenes artistas por su enfoque liberal a la hora de enseñar. Aunque, al igual que Mauve, pedía a sus estudiantes que copiaran moldes de yeso, también los animaba a que crearan bocetos de la vida en las calles de París. Van Gogh pasó muchas horas vagando por las avenidas y callejones cercanos al estudio, dibujando sus impresiones de la gente que tenía alrededor.

Postimpresionismo

El estudio de Cormon era un lugar de encuentro para la vanguardia parisina; fue allí donde Van Gogh conoció a Émile Bernard y Henri de Toulouse-Lautrec. Más adelante también conoció a Paul Gauguin, amigo de Bernard. Estos jóvenes artistas habían recibido la influencia del impresionismo, pero deseaban ir más allá, pues tenían la sensación de que esta corriente artística se preocupaba demasiado por captar la mera apariencia del mundo. Así, Bernard y Gauguin jugaban a distorsionar las formas y los colores de sus pinturas para expresar su propia respuesta emocional al mundo. A Toulouse-Lautrec también le interesaba que sus pinturas fueran lo más expresivas posible, y para ello se centraba en las sórdidas actividades desarrolladas en los clubes nocturnos y los burdeles de Montmartre. La obra de estos jóvenes artistas, que llegaron a ser conocidos como postimpresionistas, inspiró a Van Gogh, quien creyó que había encontrado una especie de hermandad que, como él, consideraba que el arte debía expresar las emociones más profundas del pintor.

Los nuevos amigos de Van Gogh lo llevaban
a los lujuriosos clubes de Montmartre,
como Le Mirliton. Allí disfrutaban de las
procaces actuaciones de cabaré de famosos
artistas de la época, como Aristide
Bruant, que cantaba sobre las dificultades
de los pobres para entretener a las
clases altas.

La amistad de Van Gogh con Toulouse-Lautrec, alcohólico
y asiduo de los burdeles, no podía estar más lejos de
su devoto trabajo como misionero de unos años antes.
Se ha especulado que Van Gogh y Theo visitaban juntos
a las prostitutas, pero no podemos estar seguros.

¿La locura de Van Gogh?

Desde la época de su amor no correspondido por Eugénie Loyer en Londres, Van Gogh había mostrado signos de inestabilidad mental. Era propenso a los ataques de melancolía, pero también podía enfurecerse. La verdadera naturaleza de la enfermedad de Van Gogh (e incluso su veracidad) ha sido objeto de un eterno debate. Se ha dicho que podía ser epiléptico o que en sus visitas a los burdeles, que pudieron empezar en su época en La Haya, pudo haberse infectado de sífilis, una enfermedad incurable antes de la invención de los antibióticos y que podía conducir al delirio. Otras hipótesis apuntan a la intoxicación por plomo (las pinturas que utilizaba contenían grandes cantidades de este metal) y a una adicción a la absenta, la bebida anisada de alta graduación alcohólica que muchos creían que afectaba a las facultades mentales de sus consumidores.

Mesa de café con absenta

El debate sobre el estado mental de Van Gogh nunca se resolverá, pero lo que podemos decir con certeza es que no pintaba como un loco. La imagen popular del artista pintando en un frenesí no podría estar más lejos de la realidad. En sus cartas a Theo decía repetidamente que solo pintaba en momentos de lucidez mental. De hecho, *Mesa de café con absenta*, aunque retrata la adictiva bebida que Van Gogh consumía, constituye una imagen con una composición muy lúcida. El vaso y las ventanas que nos separan del aislado caminante se han dispuesto con mucho cuidado para expresar la sensación de soledad. Así, la pintura expresa los sentimientos de Van Gogh, pero lo hace utilizando las herramientas del arte de la forma más controlada.

Puentes sobre el Sena en Asnières

En la primavera de 1887, Van Gogh solía ir a pintar a Asnières, un suburbio proletario al noroeste de Montmartre. Allí conoció a Paul Signac, uno de los miembros más destacados de un grupo conocido como los neoimpresionistas. Mientras que los postimpresionistas como Gauguin querían que la pintura fuera más expresiva, los neoimpresionistas creían que si se desintegraba el color en pequeños puntos y se yuxtaponían colores complementarios podrían representar los efectos de la luz con precisión científica. Van Gogh, con su interés por la teoría del color, quedó cautivado por las ideas de Signac y experimentó con su estilo. Sin embargo, descubrió que aquella seca precisión no encajaba con su pasional temperamento.

En *Puentes sobre el Sena en Asnières* Van Gogh sigue solo en parte los preceptos del neoimpresionismo: si bien hace un uso extensivo de los contrastes complementarios que defendía Signac, como en la yuxtaposición del azul del agua y el amarillo de los botes, la rivera y el puente, y en los trazos verdes añadidos al agua cerca del barco rojo que pasa bajo el puente, también confiere a sus largos trazos una viva energía que es muy distinta de la paciente técnica de Signac. Van Gogh reconoce los aspectos modernos de Asnières (sobre todo el nuevo puente de hierro sobre el que pasa el tren de vapor), pero transforma la vista de un anodino suburbio de París en una imagen de una radiante y soleada belleza.

Paul Signac
El puente de Asnières, 1888
Óleo sobre lienzo
46 × 65 cm
Colección privada

A Van Gogh le gustaba trabajar con Signac y otros artistas, pero la vida en París le resultaba dura. En febrero de 1888, exhausto y enfermo tras un gélido invierno, viajó hacia el sur para trasladarse a Arlés, un pueblo de la Provenza famoso por sus ruinas romanas y su clima cálido, donde esperaba recuperar fuerzas.

El 21/22 de marzo, Van Gogh describió los coloridos habitantes de Arlés a Theo: «los *zouaves* [soldados que servían en las zonas francesas del norte de África], los burdeles, las adorables niñas *arlésiennes* que van a tomar su primera comunión, el cura con su sobrepelliz, que parece un peligroso rinoceronte, los bebedores de absenta [...] me parecen criaturas de otro mundo».

Van Gogh creía que la intensa luz y los vivos colores del sur revitalizarían su pintura. Comparó Arlés con Japón, y el 18 de marzo escribió a Bernard que los bellos esmeralda y el intenso azul de su paisaje le recordaban a grabados japoneses.

Van Gogh también esperaba encontrar una utópica comuna artística en Arlés, lejos de las envidias y las rivalidades del mundo artístico de París, e invitó a sus amigos a que se reunieran con él para formar una confraternidad donde podrían pintar en paz, liberados de las presiones del mercado.

La Casa Amarilla

Tras permanecer durante dos meses en un hotel, Van Gogh alquiló un ala de una casa en Place Lamartine, cerca del centro de Arlés. Se sintió atraído por ella debido, en parte, a su color (asociaba el amarillo con la felicidad y con Japón) y, en parte, porque, como estaba de buen humor, tenía pensado recibir a sus amigos. Convirtió una de las habitaciones en su taller, y pronto esta se llenó de tubos de pintura usados, pinceles y lienzos a medio acabar mientras se dedicaba a pintar otros cuadros para decorar su nueva casa. La segunda habitación era su dormitorio, y la tercera la preparó para los invitados, que esperaba que empezaran a llegar pronto.

El dormitorio

El dormitorio muestra la sencilla habitación de Van Gogh con algunas de las pinturas que creó para decorar la Casa Amarilla ya colgadas en las paredes. La imagen constituye un retrato bastante preciso de la planta de la habitación, cuya pared del fondo no formaba un ángulo recto con el resto de las paredes. Pero Van Gogh simplificó radicalmente su aspecto. Los bloques de colores simples (sobre todo la relajante armonía del amarillo y el azul claro) expresan la sensación de tranquilidad que, al menos durante un tiempo, experimentó en este espacio. El 16 de octubre de 1888 en una carta a Theo le describió la pintura:

> Es sencillamente mi dormitorio, pero el color cobra protagonismo, y mediante su simplificación las cosas parecen magnificadas, y lo que quiero sugerir es «descanso», o «sueño» en general. En resumen, contemplar la pintura debería «descansar» la mente, o la imaginación.

El cartero Joseph Roulin
Vincent van Gogh, 1888

Un extraño amigo

Aunque estaba encantado con Arlés y sus pintorescos habitantes, Van Gogh se consideraba un forastero. Además, la mayoría de la gente del pueblo creía que era bastante extraño: un artista extranjero, del norte, propenso a los ataques de ira y de melancolía y que creaba extraños cuadros que no se parecían a nada que hubieran visto antes. Sin embargo, entabló dos o tres buenas amistades, una de ellas con el cartero Joseph Roulin, con quien bebía absenta de vez en cuando en uno de los cafés del pueblo.

El cartero Joseph Roulin

Van Gogh muestra a su amigo con su resplandeciente uniforme azul y amarillo. Este nos mira con gesto inocente, como si esperara pacientemente que le diéramos conversación. Van Gogh lo describió en una carta a Theo del 31 de julio como un «feroz republicano» que descargaba a menudo sus furiosas opiniones. Dada su perpetua empatía con el hombre corriente, Van Gogh se sentía atraído por la honestidad de las opiniones proletarias del cartero. Para expresar su visión de ese hombre sencillo y sincero, simplificó los colores de la pintura y los contornos de la ropa. Esta técnica intencionadamente sencilla es el equivalente pictórico de lo que Van Gogh consideraba la naturaleza elemental de Roulin.

Van Gogh quedó embelesado por las corridas de toros dominicales que se celebraban en Arlés. En una carta del 29/30 de mayo a su amigo Arnold Koning, describe cómo el toro había saltado la barrera y dispersado a los espectadores. La lucha de vida o muerte entre el hombre y el animal evocaba la intensidad que el artista buscaba en su obra.

A excepción de las ocasionales copas que se tomaba con Roulin y algún otro amigo, Van Gogh vivía una vida solitaria. El día 5 de julio escribió a Theo: «Pasan muchos días sin que diga una palabra a nadie, salvo para pedir la cena». Se sentía solo incluso entre las muchedumbres apasionadas de las corridas de toros.

Amor fraternal

En Arlés, Van Gogh escribía a Theo dos o tres veces por semana y le describía todo lo que hacía y sentía. Esas cartas y las noticias que recibía como respuesta eran su principal contacto humano, y constituyen un inestimable registro del tiempo que pasó allí. En ellas explicaba extensamente en qué estaba trabajando, y a menudo incluía bocetos para dar una idea del aspecto que tenían sus nuevas pinturas. Siempre estaba dispuesto a escuchar la opinión de su hermano sobre la nueva obra, y le pedía consejos sobre cómo encontrar un público para esta.

Theo trataba en vano de buscar compradores para la obra poco convencional de Van Gogh, y no consiguió convencer a su jefe para que las expusiera en la galería de París. Siguió enviando dinero de forma periódica para sustentar la vida de artista de su hermano, pero también él tenía sus propias preocupaciones económicas y problemas de salud. Y, sobre todo, estaba cada vez más angustiado por el estado mental del pintor.

Problemas mentales

Las cartas de Van Gogh revelan que su inestabilidad mental estaba empeorando. En una de ellas acusó a Theo de desatenderlo y de ser condescendiente con él, y en la siguiente le suplicó perdón por esas injustas acusaciones. Paralizado por la preocupación sobre su precaria situación económica, escribió a Gauguin hacia el 18 de marzo de 1888 diciendo que tal agobio lo había dejado en un «estado de constante agonía». Le torturaba la culpa por la carga económica que suponía para Theo, por lo que propuso que todo lo que pintara fuera propiedad de su hermano. Pero también seguía inquieto por la duda de si su arte tenía algún valor. En alguna ocasión daba una nota más positiva; el 23/24 de septiembre del mismo año escribió a Theo para decirle que esperaba que sus sentimientos de soledad pasaran con el tiempo y que la Casa Amarilla se convirtiese en un lugar donde pudiera vivir en paz, incluso aunque continuara estando solo. Pero la mayoría de las cartas revelan un largo descenso hacia la melancolía y un creciente sentimiento de alienación de la gente que lo rodeaba. El sueño de que Arlés sería su redención estaba empezando a desvanecerse.

Café nocturno
Vincent van Gogh, 1888

Óleo sobre lienzo
72,4 × 92,1 cm
Yale University Art Gallery
Legado de Stephen Carlton Clark, B. B. 1903,
1961.18.34

Café nocturno

Los sentimientos de alienación de Van Gogh se expresan con fuerza en esta imagen nocturna del café de la Gare. En la planta superior se alquilaban habitaciones, y en una de ellas se había hospedado Van Gogh al llegar a Arlés, pero al cabo de dos meses se enzarzó en una áspera discusión con el propietario, Joseph Ginoux, sobre cuánto dinero le debía. En una carta a Theo del 8 de septiembre de 1888 explica que para vengarse retrató el «local sucio y cochambroso» en la pintura más fea que había creado en toda su vida. Lo pintó durante tres noches, durmiendo durante el día.

Parece como si contempláramos el café desde la puerta, aunque no estamos seguros de si deberíamos entrar en este poco atractivo establecimiento. Ginoux, con las manos en los bolsillos de su bata blanca, nos mira con gesto poco amistoso, y como únicos parroquianos solo hay unos cuantos rufianes que duermen y una prostituta y su cliente en un rincón. La perspectiva distorsionada crea una sensación de vértigo que refuerza nuestra ansiedad. La exagerada sombra bajo la mesa de billar también se suma a la ominosa sensación que nos transmite la imagen.

En *Café nocturno*, Van Gogh distorsiona el color para expresar su intensa reacción emocional a la escena. En la misma carta a Theo explicó que trataba de expresar las terribles pasiones humanas con el rojo y el verde, colores extraídos de puntos opuestos del círculo cromático. El chirriante contraste del rojo sangre de las paredes y del verde ácido de la mesa de billar y el techo añade una atmósfera aún más opresiva a la pintura. Lo mismo ocurre con la excesiva intensidad del amarillo ácido del suelo y de los halos de las lámparas del techo.

Sin embargo, es posible que haya algo de empatía en el cuadro. Van Gogh estaba enfadado con Ginoux, pero sentía compasión por las solitarias vidas de las personas que pasaban las noches bebiendo en aquel local. Explicó a Theo que la pintura, «aunque distinta, es el equivalente de los comedores de patatas». Por muy amarga que fuera su propia experiencia, Van Gogh nunca perdió la empatía por las duras vidas de las personas que lo rodeaban.

A pesar de la soledad que
experimentaba en Arlés, Van Gogh
encontraba consuelo en la naturaleza.
Mientras que en Holanda había
mostrado las duras vidas de las
personas que trabajaban la tierra,
en la Provenza se concentró en el
poder redentor de la naturaleza,
y su belleza se convirtió en un
antídoto de su melancolía.

Daba largos paseos por el campo con
sus pinturas y sus lienzos. El viento
de mistral dificultaba el trabajo
durante el invierno y la primavera,
y los mosquitos eran un problema
en verano. Pero en una carta del
13 de julio de 1888 aseguró a Theo
que la belleza de las vistas compensaba
aquellas incomodidades.

Van Gogh quedó especialmente
cautivado por los vivos colores
de la Provenza. El brillante
sol del sur y el aire limpio
y seco daban al paisaje una
deslumbrante intensidad
que él trataba de captar
en sus cuadros.

Cuando estaba al aire libre,
Van Gogh podía conservar la añoranza
de una vida en el sur de Francia,
que era como el Japón de sus sueños.
El 21 de septiembre escribió a Theo:
«Aquí cada vez disfrutaré más de
la existencia de un pintor japonés,
viviendo cerca de la naturaleza».

La cosecha

Uno de los paseos favoritos de Van Gogh lo llevaba hasta el noreste de Arlés, a través de la fértil llanura de La Crau y hasta la abadía medieval en ruinas de Montmajour. Le encantaba la fecundidad de la zona, y el 26 de mayo de 1888 escribió a Theo sobre la buena calidad del vino local. En 13 de julio volvió a escribir y explicó que sentía una especial atracción por esa zona porque su llanura le recordaba a Holanda. Cuando la primavera daba paso al sofocante calor del verano provenzal, se entusiasmaba con las combinaciones de colores vivos que pasaban a dominar el paisaje. Como escribió a Theo el 12/13 de junio:

> Ahora todo está lleno de oro viejo, de bronce, de cobre,
> y estos tonos, con el azul verde del cielo candente, producen
> un color delicioso que es absolutamente armonioso.

La cosecha evoca la luz radiante del sur mediante una cuidadosa composición de color concentrado. Van Gogh utilizó su conocimiento de la teoría del color para intensificar su efecto: el tono dorado cálido del trigo maduro es una sinfonía en amarillo cuya intensidad aumenta por la yuxtaposición con el azul complementario de las montañas y el cielo. Mientras que el rojo y el verde de *Café nocturno* producían una sensación estridente, aquí dos colores de extremos opuestos del círculo cromático se utilizan para generar un efecto muy distinto, que capta la belleza radiante del paisaje provenzal.

El sembrador

Al igual que *La cosecha*, *El sembrador* retrata una actividad rural estacional. Pero mientras que Van Gogh pintó *La cosecha* del natural, *El sembrador* fue creado en noviembre, cuando el cercano invierno había alejado a los campesinos de los campos. Se trata, pues, de una imagen sacada de la imaginación del artista, basada, en parte, en sus propios recuerdos de los trabajadores que había contemplado en el campo y, en parte, en la obra de otros artistas.

El tronco del árbol que atraviesa la imagen en diagonal recuerda las potentes líneas gráficas del *Jardín de ciruelos*, de Hiroshige, que Van Gogh había copiado en París. Pero en este caso la mayor influencia que aparece en Van Gogh es la de Jean-François Millet, uno de los miembros más destacados de la escuela de Barbizon y conocido sobre todo por sus imágenes idealizadas de campesinos. Hacía tiempo que era uno de los artistas favoritos de Van Gogh, que creía que la obra de Millet estaba impregnada de los valores cristianos de humildad y amor por el prójimo; en una carta escrita a Bernard desde Arlés del 26 de junio de 1888 declaró: «Millet ha pintado la doctrina de Cristo».

En este caso copia la famosa imagen de Millet de un sembrador, pero la transforma de manera significativa. Mientras que el campo de Millet es de un marrón apagado, Van Gogh utiliza colores intensos en su paisaje para expresar el asombro religioso con el que contemplaba la naturaleza. Las sombras violetas en el campo arado complementan al cielo amarillo, y los tonos rojos del árbol reverberan con los verdes diseminados por el campo. Acercándose al horizonte, el enorme disco amarillo limón del sol se convierte en un halo alrededor de la cabeza del sembrador. Mientras que *Los comedores de patatas* presentaba un sombrío retrato de las duras realidades de la vida rural, esta escena rural corriente se transforma en una evocación poética de la presencia de Dios en los ciclos de la naturaleza. De hecho, a medida que iba empeorando el estado mental de Van Gogh, cada vez veía más el arte y la naturaleza como la posibilidad de una huida feliz de su angustia. No obstante, incluso en esta pintura se puede palpar su sentimiento de alienación de los habitantes de Arlés. Por ello, no nos sentimos cercanos al sembrador, que se ha convertido en una silueta oscura y algo funesta.

Jean-François Millet
El sembrador, 1850

Óleo sobre lienzo
101,6 × 82,6 cm
Museum of Fine Arts, Boston
Donación de Quincy Adams Shaw
a través de Quincy Adams Shaw,
Jr., y Mrs. Marian Shaw Haughton,
17.1485

La visita de Gauguin

En octubre de 1888, Van Gogh logró convencer a Gauguin de
que fuera a visitarlo a la Casa Amarilla. En los días anteriores
a su llegada, el pintor preparó la vivienda con gran entusiasmo;
cambió la disposición del mobiliario y colgó cuadros en las paredes
del dormitorio de invitados. Esperaba, como explicó en una carta
dirigida a Theo el día 21 de ese mes, que su sueño de fundar
una colonia de artistas estuviera a punto de cumplirse.

Girasoles

Van Gogh esperaba que Gauguin valorara la alegre serie de pinturas
de girasoles con la que había decorado las paredes del taller que
iban a compartir. El amarillo, que en este caso contrastaba con
un fondo azul, siempre fue para Van Gogh el color de la felicidad.
Había descrito las obras a Theo en una carta del 21 de agosto en
la que comparaba su diseño sencillo y sus contornos oscuros con
las vidrieras de una iglesia gótica. Quizá soñaba con que Gauguin
y él trabajaran juntos y en armonía como los artesanos anónimos
de las confraternidades que habían construido aquellas estructuras
medievales.

Tras la llegada de Gauguin pareció, durante un breve período, que
su sueño podía convertirse en realidad. Ambos artistas consideraban
la compañía del otro una inspiración, y trabajaban codo con codo,
debatiendo con entusiasmo sus enfoques de la pintura.

Girasoles

Crisis

Aunque Van Gogh estaba encantado de tener un compañero tras
pasar seis meses en soledad, rápidamente surgieron tensiones entre
ambos. Discutían sobre si era mejor pintar del natural, como solía hacer
Van Gogh, o de memoria, como prefería Gauguin. Cuando este último
hacía la más mínima crítica de una de las pinturas de Van Gogh, este
caía en la desesperación, convencido de que su amigo no consideraba
que su obra tuviera ningún valor. También estaba resentido por el éxito
de Gauguin entre las mujeres del pueblo.

Por su parte, Gauguin empezó a cansarse de los cambios de humor
de su compañero, por lo que, a las pocas semanas de llegar a Arlés,
ya estaba planeando volver a París. Desesperado por la idea de volver
a encontrarse solo, Van Gogh se enfrentó a él con una navaja de afeitar.
Entonces Gauguin decidió pasar la noche en un hotel en lugar
de volver a la Casa Amarilla y Van Gogh sufrió una crisis mental:
se amputó parte de una oreja y casi se desangró. Cuando a la mañana
siguiente lo encontraron, lo llevaron al hospital. Gauguin se marchó
a París sin ir a visitarlo.

A principios del año 1889, y otra vez solo, Van Gogh pintó un retrato
de su aspecto tras la crisis. Su oreja herida está vendada y él está
en parte perdido en sus melancólicos pensamientos. Sin embargo,
su expresión también sugiere una lúgubre determinación. La imagen
habla de una intención resuelta de seguir pintando a pesar de sus
dificultades. En el fondo vemos un lienzo casi en blanco, preparado
para trabajar, junto a uno de sus queridos dibujos japoneses.

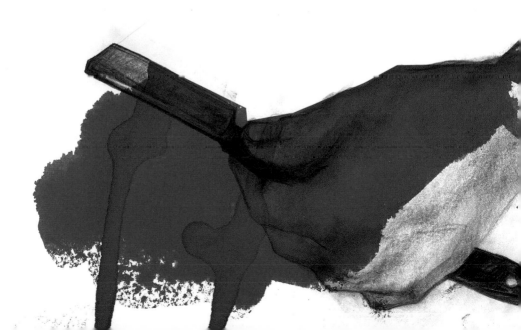

El psiquiátrico de Saint Rémy

A pesar de su deseo de seguir trabajando, Van Gogh no conseguía recuperar el equilibrio y se pasó los primeros meses de 1889 yendo y viniendo del hospital a la Casa Amarilla. En marzo, durante una visita de su viejo amigo Signac, trató de beberse una botella de aguarrás. Perturbada por el extraño comportamiento de Van Gogh, la gente del pueblo presentó una petición al jefe de la policía para que internara al pintor en un centro psiquiátrico. En un primer momento fue ingresado en el hospital de Arlés, pero en mayo entró voluntariamente en el psiquiátrico de Saint Rémy, una pequeña ciudad provenzal a 25 km al noreste de Arlés. Fue el propio Van Gogh quien lo decidió: las autoridades no pensaban que supusiera un peligro para nadie. Podía irse cuando quisiera, pero pasó todo el siguiente año allí con la esperanza de curarse.

Cuando llegó a Saint Rémy, Van Gogh tenía la esperanza de que su médico, Théophile Peyron, fuera el hombre adecuado para ayudarle. Pero continuó sufriendo ataques durante los meses siguientes, y cada vez se sentía más desalentado. A finales de 1889 trató de envenenarse de nuevo, esta vez comiendo pintura. Durante sus repetidos períodos de inestabilidad no se le permitía salir al exterior, por lo que pasaba la mayor parte del tiempo dentro de las claustrofóbicas paredes del psiquiátrico.

Momentos de lucidez

Sin embargo, durante esa época, Van Gogh también tuvo etapas
de relativa estabilidad. En esos momentos su deseo de pintar volvía,
y Theo consiguió que dispusiera de dos pequeñas habitaciones
en el psiquiátrico, una que hacía las veces de dormitorio y otra que
servía de taller, donde sus materiales para pintar podían guardarse
con seguridad. El doctor Peyron lo dejaba pintar con supervisión,
ya que creía que esa actividad podía contribuir a su recuperación.

Como apenas tenía contacto con el mundo exterior, Van Gogh empezó
a basarse cada vez más en sus recuerdos y en la obra de otros artistas.
Produjo una serie de pinturas en las que reinterpretaba la obra de
Millet. También creó una escalofriante imagen inspirada en la pintura
de Gustave Doré de unos prisioneros que hacen ejercicio en un patio.
En su reclusión, Van Gogh se identificaba con los hombres que están
condenados a andar en un círculo eterno, acorralados por los altos
y oscuros muros que los rodean.

Durante los períodos de lucidez prolongada, Van Gogh podía salir al
aire libre para pasear, aunque siempre con vigilancia. Como en Arlés,
quedó cautivado por los vivos colores del paisaje local y le gustaron
en especial los campos de olivos que rodeaban el psiquiátrico;
a menudo, durante sus salidas, dibujaba los troncos retorcidos de
los viejos árboles. Cuando volvía al taller creaba vibrantes pinturas
que captaban el color verde-plata de sus hojas y el celeste del cielo
de la Provenza. El trazo enérgico de las imágenes sugiere que él veía
la robusta vitalidad de los árboles como un símbolo de esperanza.
Maltratados por el mistral y el calor del sol del sur, los olivos se aferran
tenazmente a la vida, lo mismo que trataba de hacer Van Gogh.

Lluvia

Las ventanas de Van Gogh en el psiquiátrico daban a un campo
y a una cadena de colinas bajas conocidas como las Alpilles.
Durante su año en Saint Rémy plasmó varias veces esa vista
y mostró cómo cambiaba a lo largo de las estaciones. En algunas
pinturas vemos cómo el trigo verde emerge de la tierra, mientras
que en otras la cosecha ha madurado y el trigo dorado inunda el
lienzo con la calidez del verano. En otras obras, Van Gogh presenta
el campo al final del año. En una carta del 3 de noviembre a Theo
explica que está trabajando en un «efecto de lluvia», dejando claro
que el tema de la imagen es tanto el clima como el paisaje.

Parte del objetivo de Van Gogh residía en representar el aspecto
real de la escena. La lluvia se muestra como largos trazos de pintura
que son blancos sobre el campo y negros sobre el cielo, en función
de cómo el ojo ve las gotas de lluvia más claras o más oscuras
según el tono sobre el que se observan. Pero también distorsiona
la apariencia del mundo para expresar su sentimiento de reclusión:
el muro que rodea el campo es más grande de lo que era en realidad,
y también lo ha inclinado en el extremo más lejano del campo,
lo que confiere a la pintura una sensación de desequilibrio que
encajaba con su estado mental. Sin embargo, no debemos pensar
que se trata de una obra creada por un loco. Como siempre, Van Gogh
solo pintaba cuando estaba lúcido. También pensaba con detenimiento
en cómo los demás percibirían su trabajo. En cartas a Theo ofrecía
precisas explicaciones de lo que estaba pintando e instrucciones
detalladas sobre cómo quería que sus obras se mostraran cuando
las enviara a París.

La noche estrellada

Otra vista pintada desde la ventana de su centro psiquiátrico es quizá el cuadro más famoso de Van Gogh. *La noche estrellada* se inspiró en una escena que había contemplado una mañana temprano y que describió a Theo en una carta escrita entre el 31 de mayo y el 6 de junio de 1889:

> Esta mañana he visto el campo desde mi ventana mucho antes de que amaneciera, y lo único que había era la estrella de la mañana, que parecía muy grande. [Charles François] Daubigny y [Théodore] Rousseau [artistas de la escuela de Barbizon, como Millet] la pintaron con la expresión de toda la intimidad y toda la inmensa paz y majestad que tiene, y le añadieron un sentimiento muy desgarrador, muy personal. Estas emociones no me disgustan.

Con *La noche estrellada*, Van Gogh trató de incluir esos sentimientos en su propia obra. La estrella de la mañana aparece junto a otros cuerpos celestes, en un cielo animado por una arremolinada energía cósmica. Los cipreses también son dinámicos y parecen ondular al ritmo del cielo. Hacía mucho tiempo que Van Gogh deseaba pintar el cielo nocturno de esta manera. El 12 de abril del año anterior, en Arlés, escribió a Émile Bernard:

> La imaginación es la capacidad que hay que desarrollar, y solo ella nos permite crear una naturaleza más exultante y consoladora de lo que podemos percibir con una mirada a la realidad (que percibimos cambiante, pasando rápida como un relámpago). Un cielo estrellado, por ejemplo, es algo que me gustaría intentar hacer.

Aunque *La noche estrellada* se inspiró en una vista real, está creada principalmente con la imaginación. Van Gogh la pintó durante el día, fiándose de su recuerdo de las profundas emociones que le había inspirado la estrella de la mañana. También confió en otros recuerdos. En el horizonte se ven las Alpilles, pero la pequeña aldea, con su prominente campanario, es una invención que rememora los pueblos holandeses de su juventud. Van Gogh había escrito con nostalgia a Theo entre el 17 y el 20 de julio de 1888 sobre su pasado: «Sin querer pienso a menudo en Holanda, y con la doble separación de la distancia y del tiempo que ha pasado, estos recuerdos tienen algo desgarrador».

La iglesia que se ve en el centro del pueblo, bajo la cúpula protectora del cielo estrellado, también recuerda a la fe de juventud de Van Gogh de que la religión podía unir a las personas. La cálida luz que sale de las ventanas de las casas cercanas evoca a las familias sentadas alrededor del fuego en el interior. Esa era la vida que Van Gogh anhelaba.

La noche estrellada
Vincent van Gogh, 1889

Óleo sobre lienzo
73,7 × 92,1 cm
Museum of Modern Art, Nueva York
Adquirido a través de Lillie P. Bliss Bequest,
472.1941

Regreso al norte

En la primavera de 1890, tras pasar casi un año en el psiquiátrico
de Saint Rémy, el estado mental de Van Gogh no había mejorado.
Hacía poco había sufrido las crisis más graves hasta la fecha, y su
cabeza estaba llena de abrumadores recuerdos de su vida en el norte.
Su sueño de establecer una colonia de artistas en la Provenza se había
esfumado tiempo atrás, y se consagró a una serie de pequeñas pinturas
y dibujos que mostraban a los campesinos y las cabañas holandesas
que había pintado ya casi una década atrás. En mayo de 1890 cedió
a la nostalgia y tomó un tren hacia París. El doctor Peyron completó
el último informe sobre su paciente con una única palabra: «Curado».
Pero se trataba de una forma de lavarse las manos: sabía que Van Gogh
estaba lejos de la curación.

En París, Van Gogh tuvo un feliz encuentro con Theo, ya entonces casado
y orgulloso padre de un niño llamado Vincent Willem. La esposa de
Theo, Jo, explicó que cuando su marido le enseñó a su sobrino tocayo,
ambos hombres lloraron de alegría. Pero Jo y Theo estaban muy
preocupados por el estado mental de Vincent.

Auvers-sur-Oise

El feliz encuentro solo fue una parada en el camino. Van Gogh pasó tres días en París antes de proseguir hacia Auvers-sur-Oise, donde Theo había preparado un lugar para que su hermano viviera y pintara bajo el cuidado del doctor Paul Gachet. Este último había tratado a otros artistas, y él mismo era un pintor aficionado, por lo que Theo esperaba que tuviera más éxito que el doctor Peyron ayudando a su hermano.

Auvers tenía conexiones artísticas que sin duda atrajeron a Van Gogh. Daubigny se había instalado allí en 1861, y Pissarro, Cézanne y Gauguin habían vivido en la vecina Pontoise. El 20 de mayo de 1890, Van Gogh recorrió el corto trayecto en tren de París a Auvers. Desde la estación, subió la colina, pasó por la antigua casa de Daubigny y llegó a la consulta de Gachet. Este sería el último viaje que haría en su vida, pero en Auvers creó algunos de sus cuadros más sobrecogedores.

Retrato del doctor Gachet

Van Gogh sintió una simpatía inmediata por el pelirrojo Gachet,
y escribió a su hermana Willemien el 5 de junio de 1890 que el
médico era «un nuevo amigo y algo así como un nuevo hermano;
nos parecemos mucho física y también moralmente. Él, además,
es muy nervioso y muy extraño». Pero a los pocos días de su llegada
Van Gogh también tomó conciencia de que, con su frágil estado
mental, el doctor sería de poca ayuda. Advirtió inmediatamente a Theo
y a Jo en una carta del 24 de mayo de que «no debemos, DE NINGUNA
MANERA, contar con el doctor Gachet [...]. Está más enfermo que yo [...].
Cuando un hombre ciego guía a otro hombre ciego, ¿no caen los dos
en la zanja?».

En el retrato de su médico, Van Gogh muestra al doctor Gachet con
una expresión de profunda melancolía, sugerida por el matiz verdoso
de su cara y las agitadas rayas turquesas que se arremolinan a su
alrededor. Sobre la mesa vemos dos populares novelas de los hermanos
Goncourt. Los temas de estos libros (la neurosis en *Germinie Lacerteux*,
y el mundo artístico parisino en *Manette Salomon*) hacen referencia a
los dos intereses del médico. El retrato no es tanto un testimonio del
aspecto físico del doctor Gachet como una imagen expresiva de todo
su ser. Como explicó Van Gogh en su carta a Willemien: «No trato
de pintarnos por nuestro parecido, sino por nuestras expresiones
apasionadas».

La iglesia de Auvers-sur-Oise
Vincent van Gogh, 1890

Óleo sobre lienzo
94 × 74,5 cm
Musée d'Orsay, París

La iglesia de Auvers-sur-Oise

A pesar de su falta de fe en la capacidad del doctor Gachet para curarlo, Van Gogh estuvo relativamente contento durante sus primeras semanas en Auvers. Encontró un alojamiento barato en un pequeño café cerca del ayuntamiento, y aunque su habitación era diminuta, los amables propietarios (monsieur y madame Ravoux) le dejaban utilizar la habitación de la planta baja como taller cuando el mal tiempo lo obligaba a quedarse bajo techo. Siempre que era posible, no obstante, prefería trabajar al aire libre. Y estaba encantado de poder pasear libremente tras un año de confinamiento en Saint Rémy. Además, los campesinos y las cabañas con techos de paja de Auvers le recordaban a su tierra natal.

La iglesia de Auvers-sur-Oise muestra la pequeña iglesia del siglo XIII que se encontraba a unos cientos de metros en la estrecha carretera que llevaba al alojamiento de Van Gogh. La imagen refleja con precisión ciertos detalles de la arquitectura gótica de la iglesia, pero los colores se han simplificado e intensificado; el azul saturado del cielo produce un fuerte contraste con los pigmentos naranja y violeta aplicados con trazos gruesos sobre el tejado. El poder expresivo de la imagen aumenta por la forma en que el edificio parece retorcerse por obra de una misteriosa fuerza.

La intensidad de la respuesta de Van Gogh a la iglesia se explica, en parte, por el hecho de que le recordaba a tiempos más felices. En su carta del 5 de junio a Willemien mencionó que la pintura era «casi igual que los estudios que hice en Nuenen de la vieja torre y el cementerio». Pero aunque el edificio le recordaba a su tierra natal, seguía sintiéndose fuera de lugar. Sobre la iglesia, el cielo es amenazadoramente oscuro, mientras que la figura (una campesina) nos da la espalda. Incluso en Auvers, Van Gogh sentía intensamente el aislamiento de las personas que lo rodeaban.

La última crisis

La relativa calma de Van Gogh no duró mucho. El 30 de junio
de 1890, Theo le escribió para decirle que su hijo Vincent había
estado gravemente enfermo. Aunque el niño se encontraba fuera
de peligro, Van Gogh se quedó muy angustiado; quizá recordó
un Vincent Willem anterior, su hermano mayor, muerto cuando
aún era un bebé. Pero se desesperó aún más cuando Theo insistió
en llevar a su nueva familia a ver a su madre a Holanda en lugar
de pasar el verano con él.

Campo de trigo con cuervos

Cada vez más confundido y melancólico, Van Gogh empezó a trabajar
aislado fuera de Auvers, donde creó una serie de pinturas de los
campos vacíos que se encontraban sobre el pueblo. Describió
las imágenes en una de sus últimas cartas a Theo, del 10 de julio:
«Son zonas inmensas de campos de trigo bajo cielos turbulentos,
y he intentado expresar la tristeza y la soledad extrema». La más
poderosa de estas obras, *Campo de trigo con cuervos*, parece
casi su último testamento. El cielo amenazadoramente oscuro,
los ominosos cuervos que vuelan en círculos y el camino sin salida
en medio del maíz maduro parecen vaticinar la muerte próxima
del artista.

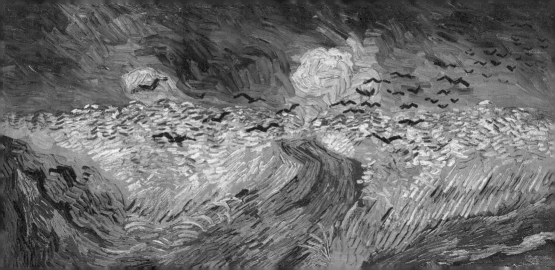

El fin

El día 27 de julio de 1890 Van Gogh tomó su almuerzo en el café
donde se alojaba, como de costumbre. Comió más deprisa de
lo normal y se marchó andando hasta uno de sus lugares favoritos
para pintar, encima del pueblo. Lo que pasó después nunca se sabrá
con certeza. Quizá siguió pintando durante un rato. Pero en algún
momento abandonó su pincel y agarró un revólver que había robado
a un conocido que solía cazar en los campos cercanos a Auvers.
Se apuntó al pecho y apretó el gatillo.

El disparo lo derribó, pero no lo mató. Se tambaleó hasta el café,
y su casero hizo llamar al médico del pueblo, el doctor Mazery;
pronto llegó también el doctor Gachet. Ambos médicos examinaron
al artista. Les alivió ver que la bala no le había alcanzado el corazón,
pero como estaba alojada en un lugar profundo del pecho era
imposible operarlo para sacarla.

El doctor Gachet hizo llamar a Theo, que llegó a toda prisa al mediodía
del día siguiente. En un primer momento pensó que su hermano
viviría, pero a lo largo del día la herida se le infectó y la salud de
Van Gogh se deterioró rápidamente. Cuando el final se acercaba,
Theo se tumbó en la cama junto a su hermano y acunó su cabeza
en sus brazos. A primera hora del día siguiente, Van Gogh murió.

Vida después de la muerte

Van Gogh murió justo cuando su fama estaba empezando a crecer.
A principios de 1890, unos meses antes de su suicidio, se expusieron
varias pinturas suyas en París y Bruselas. Algunos artistas importantes,
como Toulouse-Lautrec, Signac y Monet, elogiaron las obras, y el
influyente crítico de arte Albert Aurier lo calificó de genio en la
respetada revista parisina *Mercure de France*. Pero el reconocimiento
llegó demasiado tarde. Van Gogh solo vendió un cuadro durante
su vida, a pesar de los leales esfuerzos de Theo por encontrar
compradores. Y el propio Theo tampoco vivió para ver el éxito
póstumo de su hermano, ya que murió solo seis meses después.
Pero a mediados de la década de 1890 Van Gogh ya era considerado
uno de los mejores pintores europeos de todos los tiempos.

Autorretrato dedicado a Paul Gauguin

En una segunda carta a su hermana Willemien enviada desde
Auvers el 13 de junio de 1890, Van Gogh escribió que quería hacer
retratos que fueran contemplados durante un siglo o más. Con los
profundamente expresivos autorretratos que pintó en Arlés ya alcanzó
este objetivo, aunque por desgracia nunca llegaría a saberlo. El poder
gráfico del dibujo y el color simplificados y la naturaleza penetrante
de su expresión embrujada siguen emocionando a los espectadores
actuales. También es emotiva la dedicatoria apenas perceptible
«A mi amigo Paul Gauguin» que atraviesa la parte superior del
cuadro; el recuerdo de una amistad que, como tantas cosas en la vida
de Van Gogh, terminó en tristeza. Las poderosas emociones de Van
Gogh siempre le dificultaron la comunicación con los que le rodeaban.
Pero su genialidad para expresar dichas emociones en forma visual
comporta que su obra siga hablándonos más de un siglo después
de su muerte.

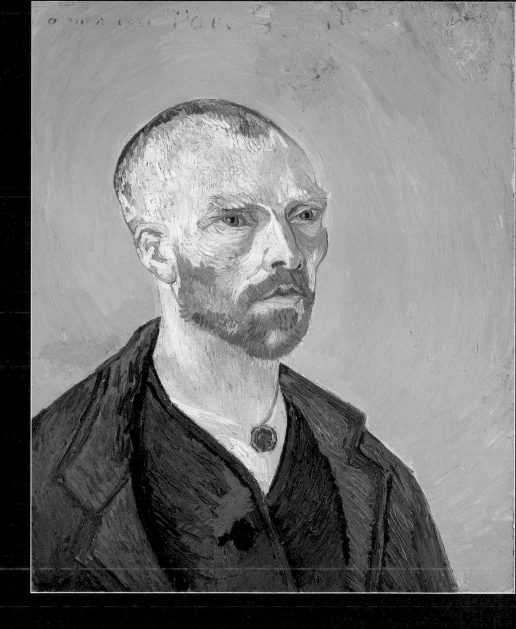

Autorretrato dedicado a Paul Gauguin
Vincent Van Gogh, 1888

Óleo sobre lienzo
61,5 × 50,3 cm
Harvard Art Museum/Fogg Museum
Legado de la colección de Maurice Wertheim,
Class of 1906, 1951.65